ALPHABET
des
Accidents comiques

METZ

GANGEL et P. DIDION, ÉDITEURS.

ALPHABET
des
Accidents comiques.

1806

Instruisez-vous, enfants, dès l'âge le plus tendre;
Vous deviendrez heureux si vous voulez apprendre.

Majuscules

ABCDEFGH
IJKLMNOPQ
RSTUVXYZ

Minuscules

abcdefghijklm
nopqrstuvxyz

Atout

On peut dire que c'est pique qui retourne.

Bain

Bain de pieds, les plus chauds sont les meilleurs.

Cheminée

Sur laquelle ce particulier ne comptait pas.

Déluge

Formant cascade sur le nez de ce monsieur.

Evanouissement
Manière de le guérir à l'instant même.

Frayeur
On peut être effrayé à moins.

Grippe

Ce que je ne vous souhaite pas chers lecteurs.

Hélas !

Quand on craint les brûlures il ne faut pas toucher au feu.

Inondation
Les époux se doivent assistance.

Jambe
Moyen énergique pour se guérir des cors.

Kirsch-Wasser

Liqueur qui peut vous faire perdre la raison et votre chemin.

Lavement

Amer à la bouche et doux au cœur.

Malade
La plus triste des positions de la vie.

Noyé

Et pendu par-dessus le marché: c'est désagréable.

Omelette

Faite à la minute et sans le secours des mains.

Pincée!!
Une petite fille qui voudrait bien s'en aller.

Quel temps
Un des agréments de la promenade à la campagne.

Rencontre
Combat acharné de deux parapluies.

S

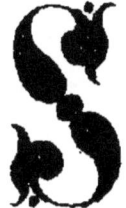

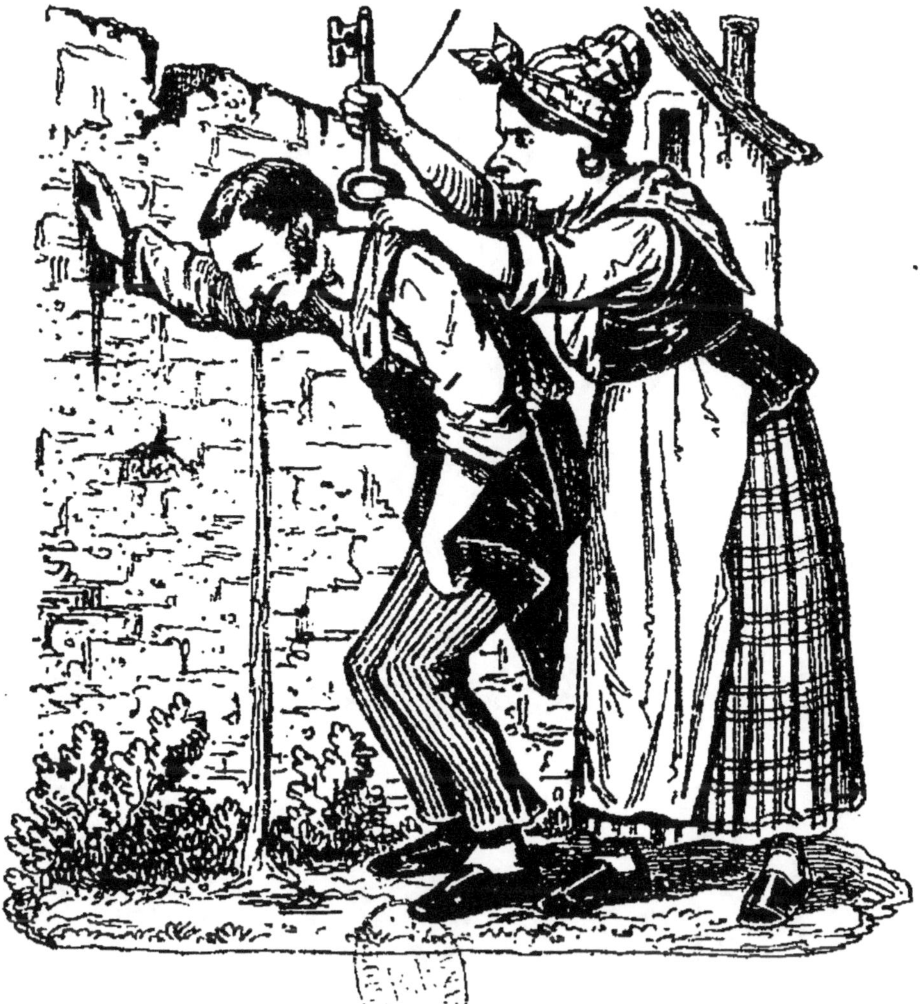

Saignée

Les suites d'un coup de poing sur le nez.

Touché
Une boule de neige bien dirigée.

Un choc
Ce qui peut arriver quand on a la vue basse.

Volé !!

L'omnibus est la providence des voyageurs.

Xerasie

Maladie des cheveux tombée dans les jambes.

Yiola

Jeune nègre qui n'est pas blanc avec les gamins.

Zut !!
Vos bottes sont aussi étroites que votre cervelle.

Fabrique d'Estampes
de
GANGEL ET P. DIDION
METZ

BIBLIOTHÈQUE MESSINE A L'USAGE DES ENFANTS